El Troyano Imperialista

Fidel Castro Ruz

Darmus Jesus Gonzalez Fuentes

El Troyano Imperialista Fidel Castro Ruz
de la "Serie Camino a la Verdad, lo que NO nos cuentan"
Literatura ilustrativa e informativa, historia moderna contemporánea
Ensayo sobre la conspiración existente para mantener a la humanidad sumida en el oscurantismo contemporáneo
Primera edición física: marzo 2022
Reedición octubre de 2023
© Darmus Jesus González Fuentes
Kindle Direct Publishing 2023
Paperback edition 2022

El Troyano Imperialista

Fidel Castro Ruz

Un libro de

Darmus Jesus González Fuentes

Indice

6

DEDICATORIA

Este libro está dedicado a todas aquellas personas que desean comprender por qué la sociedad esta disociada, personas que probablemente estén despiertas, pero aun no comprenden que hacer para comenzar a actuar a favor de un mayor bienestar para la humanidad, personas que saben que, aquello en que se cree es posible realizarlo, por lo tanto está dedicado a personas que quieren fervientemente vivir, dispuestas a diluir al sistema que nos controla, ideado por y para favorecer los intereses de perversos ejecutores.

Seamos actores libres en una común existencia universal.

Cuando comprendemos:

"Nada de lo existente fuera de mi puede afectarme"

"Solo debemos ser mejores, mejores que nosotros mismos, es el objetivo común y universal"

Fidel Castro Ruz, El Troyano Imperialista

Prólogo

Este libro es el resultado de una investigación sobre la vida de uno, de los personajes más polémicos y oscuros de nuestra historia contemporánea, todo vino de dos preguntas ¿Cómo fue posible que? Fidel Alejandro Castro Ruz, nacido en Biran, al Oriente de la Isla de Cuba, el 13 de Agosto de 1926, quien fallecido el 25 de Noviembre de 2016, sus padres fueron Ángel Castro Argiz y Lina Ruz González, el comandante Fidel Castro como se hacía llamar, ¿Se mantuviera tantos años en el poder? Teniendo un oscuro y cuestionable proceder, cuando incluso desde muy joven expresaba ideas ambiciosas, por las que estoy seguro que este libro, demostrara no ser una especulación del autor, quien realiza una investigación sobre la vida de tan polémico y maléfico personaje, motivado por los hechos que enmarcan la vida del mismo, muchas preguntas que hasta ahora estaban sin respuesta serán respondidas aquí, y evidenciando los hechos relatados durante el desarrollo de este libro, lo que nos demostrara que sin lugar a dudas Fidel Castro estuvo al servicio de la elite imperialista, esa elite que llamaremos también los controladores, ya que son quienes toman las decisiones sobre las naciones del mundo a través de los políticos que las gobiernan e instituciones reconocidas internacionalmente que ellos mismos han propiciado, promocionado y creado, por lo que dependen directamente de esa elite de poder centralizado y que en la actualidad es tema de conversación diario en el resto de las esferas sociales que da pie a los temas conspirativos, que se han ejecutado en el planeta durante muchos años. Quedará demostrado que la estrategia comunista cubana al mando de Fidel Castro es una creación de la elite para espiar y debilitar a los gobiernos y países no alineados a sus ideales e intereses y así poder doblegarlos, y subyugarlos ante su poder de control, y a lo que Fidel Castro se prestó intencionadamente ya que fue un fiel servidor de ese poder a través de la infiltración para obtener la información necesaria, identificar las fortalezas, debilidades, propósitos políticos y sociales de los dirigentes activos o con posibilidades de llegar a ocupar importantes cargos políticos en el gobierno, de esos países no alineados, a favor de la causa de un gobierno totalitario mundial, solo para él, poder mantenerse a cargo de la isla de Cuba, sin importarle el pueblo Cubano. Fidel Castro fue estandarte de hipocresía y sus intereses personales narcisistas, estaban por encima de cualquier otro interés o bien del pueblo, utilizo la bandera comunista para tapar las miserias en las que mantuvo al pueblo Cubano. La verdadera vocación de Fidel Castro era la traición a su pueblo y a la raza humana, la función del troyano imperialista era detectar dirigentes políticos de alto cargo como presidentes o dictadores con ideales verdaderamente vinculados a sus pueblos, sobre todo en el continente americano, dirigentes que estuvieran legítimamente involucrados con el desarrollo social humano y capaces de crear políticas a favor de la nación que representaban, una vez identificados se clasificarían como un peligro para el sistema totalitario mundial elaborado por la elite o los controladores que en resumen son los mismos seres que se empeñan en controlar a toda la raza humana bajo un mismo gobierno que coarte todos los derechos individuales. Una vez identificados por el sistema, se recurrirá a estrategias directas o indirectas para coaccionarles o en última instancia obligarlos a desistir de sus intenciones progresistas a favor de la raza humana, con todo lo que esto conlleva implícito como el verdadero establecimiento de los valores humanos.

Estados Unidos, El Gobierno de los Estados Unidos y quienes ostentan el poder

Es muy objetivo en este tema delimitar las formas nominativas con las que se suele enunciar ciertas afirmaciones con la intención de descalificar a una persona o a un conjunto de personas, por tal razón dedico este capítulo a aclarar algunos términos a los que recurrimos de manera inconsciente, realizo la aclaratoria con la intención de ilustrarnos en la forma que solemos usar o aplicar algunos términos indistintamente de que sean estos u otros de uso regular en nuestras vidas o en algún tema en particular, diferente al tratado en este libro. Deberíamos comprender que Estados Unidos es todo el pueblo existente en esa región del continente Americano, por lo tanto al utilizar la frase estados unidos es una nación opresora o cualquier otro termino parecido, se pecaría utilizando la frase incorrecta ya que quienes son opresores en caso de ser la idea a expresar, serian aquellos que ostentan el poder y hacen las políticas que los convierten en opresores, el gobierno de los estados unidos hace mención específica a quien esté llevando el control del poder ejecutivo del país y que en la mayor parte de las circunstancias o momentos no son quienes ostentan el poder o hacen las políticas opresoras, por lo tanto el termino correcto es quienes ostentan el poder no solo en Estados Unidos sino en el mundo entero, son los verdaderos causantes de las desgracias de la humanidad. Con esto ha de comprenderse el punto que expongo para que no, se generalice e incluso a otros países o gobiernos, por eso mi llamado a ilustrarnos para com-

prender las formas engañosas que nos implantaron
llenándonos de odio y división.

14

Fidel Castro un adolescente vende patria

Fidel Castro en su infancia estuvo a cargo de una institutriz desde los 6 años de edad, y a los 14 años en la adolescencia, cursando estudios en el colegio de Dolores en Santiago de Cuba, comenzó a ofrecer o poner en venta sus servicios como informante, hecho que también demuestra la ambiciosa personalidad del joven Fidel Castro y lo que podía ser capaz de hacer por dinero, su primera manifestación a estar dispuesto como informante y traidor la realizo a través de una carta en un inglés muy impreciso que envió al presidente de los EE.UU. Franklin D. Roosevelt, eran los años 1940 a través de dicha carta le

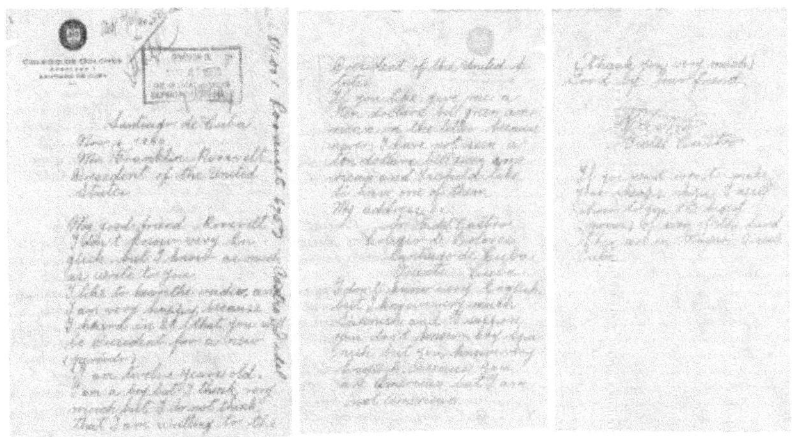

ofreció al presidente de los Estados Unidos, indicarle el lugar de una mina de hierro a cambio de 10 dólares americanos, este primer contacto puede por tanto, haberse convertido en su pase a ser tomado en cuenta como un posible espía, ya que el ámbito político internacional ha estado regido por las acciones de inteligencia y contra-inteligencia, lo que da resultado a que quien tenga la información oportuna la mayor fuerza y capacidad de control, y de allí que personajes como Fidel Castro con capacidad de espionaje concederían a la elite, el poder de decisión en las maniobras que desean realizar a su favor para controlar los escenarios políticos del planeta, hoy día se sabe que la elite cuenta con el control de las más prestigiosas agencias de inteligencia y espionaje existentes en el planeta. Cuentan con recursos ilimitados, información ilimitada lo que las dota de poder ilimitado, infectando a su favor a cualquier persona, haciéndola su cómplice o simplemente apartándola del camino.

Inicios en la vida política

Fidel Castro inicio su vida política a la edad de 21 años en la universidad cuando fue electo presidente del Comité Pro Democracia Dominicana de la FEU, desde donde promovió acciones para derrocar al dictador Dominicano Rafael Trujillo sumándose a la invasión de cayo confites incursión que fracaso al ser interceptados los botes donde se trasladaban los insurgentes participantes y donde Fidel Castro logro salvarse lanzándose al mar. Es de mencionar que el dictador Rafael Trujillo, fue un duro dictador que al igual que otros dictadores de la época en la región del caribe se supieron establecer y aun cuando su dictadura fue cruel, sobre todo con los miembros de los partidos comunistas, y que debido a la alianza con Estados Unidos confrontaban de manera directa esa ideología retrasista, peligrosa, autoritaria, sombría e involucionista, República Dominicana durante su periodo de gobierno dictatorial de treinta y un años, tuvo la mayor estabilidad económica conocida incluso hasta nuestros días. Ese asalto es otra acción que demuestra la personalidad injerencista del asesino, dictador y troyano imperialista Fidel Castro. Se puede decir que tanto ataque al imperialismo no era más que una parodia un teatro y continuaremos viendo porque lo digo.

Fidel Castro y Jorge Eliécer Gaitán

Probablemente una de las primeras víctimas del Troyano Imperialista fue, Jorge Eliécer Gaitán líder político colombiano con inclinación socialista liberal

Fidel castro en Colombia el día del atentado donde murió Jorge Eliécer Gaitán

y Fidel Castro llegaron a conocerse personalmente el día 7 de Abril de 1948 y tenían agendado un encuentro el día 9 de Abril de 1948 el mismo día que lo asesinaron, su encuentro que había sido propiciado bajo la financiación de Juan Domingo Perón Presidente de Argentina, Jorge era un jurista defensor de los derechos humanos, laborales y sociales, además de escritor y político. Llego a ocupar el cargo de rector de la Universidad Libre de Colombia, alcalde de Bogotá y congresista, estaba postulado para la presidencia de la República de Colombia pero fue asesinado, se especula que por sus inclinaciones Socialistas anti-imperialistas, inclinaciones que quedaron confirmadas durante su participación en los reclamos a las bananeras extranjeras donde ocurrió la masacre de trabajadores que reclamaban su derecho a mejores condiciones laborales, protestas que dejaron grandes pérdidas a las empresas extranjeras que las gerenciarón, siendo esa participación uno de los posibles motivos para crearse enemigos poderosos con gratuidad. Pero que hacia Fidel Castro en Colombia justo cuando se produjo uno de los acontecimientos sangrientos más representativos de Colombia, se sabe que Fidel Castro llego a Colombia con la intención de participar como organizador del Congreso de Estudiantes, para protestar contra la naciente Organización de Estados Americanos, y entrometerse en los asuntos de otras naciones como República Dominicana, Costa Rica o Panamá, Fidel Castro siempre fue bien diligenciado para entrometerse en asuntos de otros países, nunca arreglo las necesidades del Pueblo cubano pero siempre estaba para entrometerse en la política de países extranjeros, siempre andaba buscando información, cosas de Troyanos. Hay quienes consideran que la hipocresía de Fidel se ve reflejada en que puertas afuera decía de Jorge Gaitán que era un líder inspirador, pero en realidad nunca se pronunció de manera sincera sobre Gaitán y sobre la lucha que realizaba, una lucha probablemente noble a favor de los pueblos y por eso pago con su vida, la genuina entrega a sus ideales sociales, recordemos que aquellos quienes osan oponerse a intereses políticamente y económicamente superiores están marcados a conseguir la muerte.

Fulgencio Batista y el Golpe de Estado de 1952

Antes de entrar en el tema del golpe de estado y la huida de batista al exilio se debe tener en cuenta que las familias Batista y Castro estaban muy unidas por lo que se puede presumir por qué lo indulgente que fue Batista con Fidel Castro. El golpe de estado llevado a cabo por Fulgencio Batista trunco las aspiraciones políticas de Fidel Castro a ocupar un escaño representando a la Habana en la cámara de representantes cubana allí comenzó la guerra de poder que se extendió incluso fuera de las fronteras cubanas con actos de espionaje y contra-inteligencia, muchos hechos dan cuenta de que no era una cuestión de suerte lo de Fidel Castro, era una cuestión de estrategia e información, pero quien le brindaba esa información como era posible que habiendo quedado preso después de su fallido golpe a Batista, quedara libre fuera a USA y a México de donde partió nuevamente a Cuba para volver a intentar tomar el poder con un pequeño grupo de hombres contra un ejército de más de 680.000 soldados, no es concebible él, cómo ocurrieron tales hechos y cómo fue posible sin la intervención de un poder económico superior o extranjero, se sabe de la participación de Rusia, pero en apoyo de insumos militares y se ha conocido de algunos empresarios que llegaron a apoyar económicamente a las guerrillas castristas, lo que no es realmente representativo si no se cuenta con información logística certera, sobre el enemigo de guerra. Más aun así el, 1 ° de enero 1959 Batista abandona el poder y Fidel Castro ingresa a la

Habana, el 8 de enero 1959 para tomar el poder que mantuvo hasta el día de su muerte, surgen las preguntas: ¿qué sabia Batista que no le permitía quedarse y hacerle frente a Fidel Castro? ¿Qué o quién daba apoyo a Fidel Castro, que Batista no estaba dispuesto a confrontar? Lo cierto es que Fidel Castro llego al poder y con él la desgracia del pueblo cubano y otros personajes que a lo largo de la historia caerían en desgracia, por darle confianza y entrada a su grupo íntimo, al ser disuadidos por el proyecto comunista anti imperialista, proyecto totalmente carente de comunismo, pero copado de imperialismo rudo y puro, Fidel Castro nunca dio bienestar al pueblo cubano, siempre desgobernó a su antojo y aun cuando fue testigo de las barbas ardientes de sus vecinos y allegados, comando la isla como una gran base militar de su total pertenencia. Es más la isla de cuba sirvió de laboratorio al experimento de desinformación mediática más grande del planeta, así como a otros experimentos para controlar, a través del miedo, el hambre, el terror, la mente de grandes grupos sociales, llegando tan bajo, que probablemente el mayor número de personas que experimentaran el síndrome de Estocolmo sean los habitantes de la isla de cuba, ya que se enamoraron de su secuestrador a tal punto de idiotizarse manteniéndolo en el poder, por más de sesenta años.

Fidel Castro y USA

Apenas cumplidos cuatro meses de derrocar a Batista entre los días 15 y 27 de Abril de 1959 y tras asumir gobierno, Fidel Castro visita a USA, se entrevista con el vicepresidente Richard Nixon y también tiene

una reunión privada con altos directivos de la CIA. (me remito a los hechos históricos una vez más). Aunque Fidel Castro pretendía deslindarse del comunismo negándolo en todo momento, e incluso haciendo declaraciones públicas de que él estaba en contra del comunismo, se veía más inclinado a ser comunista, sus palabras eran una cosa, sus acciones otras. Pero en realidad como dar por descontado que esa estrategia no fuera la puerta de entrada para mantenerse al frente de la isla de Cuba durante tantos años, tal vez aun antes, y desde aquella carta ofreciendo la ubicación de las minas de hierro o a partir de esa visita a USA pudo haber sido captado como un miembro de la inteligencia del más alto nivel a cambio de algo que no podía despreciar, contaría con el apoyo de los verdaderos personajes que ostentan el poder en el mundo, siempre y cuando el fuera el peón del tablero mundial en el comunismo, tendría como esclavos a una nación ubicada en una isla que siempre sirvió de puerto para comerciar con esclavos, eso suena descabellado, pero en realidad es muy viable, al acometido de los intereses de los controladores del sistema, esa visita a USA fue la visita que sirvió para pactar con el verdadero control que existe en el mundo y Fidel Castro sirvió fielmente, tenía todo que perder si se oponía, pero para él un cobarde, asesino y traidor eso no era difícil, y sobre todo con los poderes que se le otorgaron en concesión sobre Cuba y su pueblo, o como justificar que el tirano maniático, sobreviviera tantos años tan cerca de la nación más poderosa del mundo y que en sus inicios fuera la más combatiente contra los gobiernos de ideología comunista. El tirano Fidel Castro pacto con los poderosos, con los que realmente tienen el poder y se convirtió en "El Troyano Imperialista" un triple agente que solo vivió para servir al imperio, ese imperio que supo infiltrarse en la vida de millones de personas para convertirlas en esclavos. Por lo que en realidad Fidel Castro debería pasar sin ningún mérito histórico más que el de la traición a la humanidad. Su despreciable nombre debería ser borrado de toda página de historia, por el daño que realizo y al que se prestó a realizar a millones de seres humanos.

La purga de la competencia amistosa

Durante todo el periodo de desgobierno del Troyano Imperialista el mismo Fidel, se ocupaba de hacer castigar a quienes, aunque fuese por la simple presunción estuvieran señalados de conspirar en su contra, o representaran un peligro para él como líder de la mal llamada revolución Cubana, era un personaje consciente de que otro podía querer ocupar su puesto (así como él, desplazo a Batista) bien por ambición o por el reconocimiento del pueblo, recordemos que los pueblos son de corta memoria y él lo sabía claramente, un pueblo que ama a muchos líderes es difícil de complacer y mantener contento, por lo tanto es difícil de mantener oprimido, Fidel Castro creo un sistema de inteligencia que obligaba a todos los ciudadanos cubanos a brindarle información al sistema de control interno, de cualquier otro ciudadano, así fuese familiar en primer, segundo o tercer grado, así también de vecinos, conocidos o allegados, de esa vil manera Fidel Castro logro reducir el número de personas que deseaban sacarlo del poder, el señalamiento por parte de algún otro ciudadano, era válido para hacer que el ciudadano acusado cayera en desgracia, sin importar su condición social, es imposible estimar cuantas personas fueron eliminadas a través de este sistema, pero conociendo los antecedentes del esbirro, asesino dictador, es muy fácil presumir que vivir en Cuba era vivir bajo el dominio del terror, un pueblo auto-reprimido. Esta forma de control por su parte no exculpaba a nadie, para el todos querían asesinarlo y es totalmente lógico que pensara así, si el pretendía asesinar a todos los que parecieran culpables de algo, el solo parecer era tener la seguridad de recibir un castigo fatal, tal vez tenía razón al vivir con miedo, si fue que vivió con miedo, probablemente sí lo hizo, tal vez sus razones eran infundadas de igual manera ordeno la muerte de personas muy allegadas a él o el mismo las asesino, pero en realidad lo que custodiaba era el poder que tenía, ese poder político al que no renunciaría más que muerto, de estos allegados caídos en desgracia frente a él, tenemos al General Arnaldo Ochoa Sánchez quien fuera un íntimo amigo de su hermano Raúl, compañero de él y al que hizo Fusilar el 13 de Julio 1989, por la sospecha de sedición ya que propuso una reforma digna para estabilizar la vida del pueblo cubano, (aunque la versión oficial dice que fue condenado por tráfico de drogas), pero como ya sabemos la versión oficial era la palabra del líder supremo, el tirano Fidel Castro, por lo que la condena al general no solo acabo con su vida sino con su reputación, además de servir de ejemplo a quien se atreviera a contradecir los intereses del dictador, por eso fusilo al General y a otros compañeros de este, que lucharon con él codo a codo y dejo en orfandad a sus hijos, acaso puede existir una acción más vil y traicionera que esta, díganme ustedes amigos lectores cual es la dignidad de la revolución comunista socialista si solo es por una persona tan hipócrita y malvada, ese tipo de acciones tan bajas y cobardes, demuestra que ser socialista o comunista es trabajar solo para sus propios intereses, sin importar el resto de los involucrados. Cabe señalar que el general también se las traía, ostentando sus reconocimientos, ganados gracias al derrame de sangre en varias incursiones guerrilleras dentro y fuera de cuba una de esas incursiones lo llevo a Venezuela donde asesino a soldados Venezolanos en su intento por esparcir su comunismo de pacotilla en América.

La purga opositora

Fidel Castro es reconocido como uno de los dictadores que más homicidios a cometido, el mismo dirigió fusilamientos en contra de sus opositores instauro un sistema de terror que le permitió gobernar hasta el último de sus días, purgo la oposición eliminando y encarcelando a todo aquel contrario a sus ideales desde el primer día de la toma de poder. Fue Tan implacable con los opositores que durante una marcha que se realizó en Santiago de Chile en descontento por su visita insto al Presidente allende a reprimir a los opositores a lo que según las crónicas, Allende le respondió "aquí yo soy el presidente" ejemplo de la desvergüenza y cobardía del asesino comandante Fidel Castro. El no dudaba un segundo en reprimir a quienes se le oponían, utilizaba cualquier estrategia para desmoralizar a sus opositores y poder contenerlos, antes de decidir encarcelarlos o asesinarlos. Un opositor emblemático fue el poeta Heberto Padilla que en 1969 empezó a criticar el gobierno de Fidel Castro y este lo hizo encarcelar en 1971, por lo que algunos intelectuales europeos y latinos comenzaron a reaccionar en contra del gobierno castrista creándole una cara negativa ante la opinión pública y mostrando lo que era realmente el comunismo de Fidel Castro por primera vez al mundo.

Fidel Castro y la purga de Ernesto Guevara "El Che"

Sin lugar a dudas uno de los hombres clave, para la llegada al poder de Fidel Castro, fue Ernesto Guevara "El Che" como se le ha conocido hasta nuestros días, se caracterizó por ser un idealista marxista comunista, (características nada honrosas por el contrario si muy deplorables) nacido en Argentina el 14 de Ju-

nio de 1928, falleció Fusilado, el 9 de Octubre de 1967 en Bolivia, los acontecimientos que rodean su muerte, tras ser capturado en Bolivia y fusilado por un agente de la CIA. han dado para muchas hipótesis, sin embargo lo más probable es que representaba un verdadero peligro para Fidel Castro, no para la revolución Cubana, sino porque se cree que era un revolucionario cabal a capa y espada, aunque es lamentable que un ser humano termine dominado por los bajos instintos comunistas, nada dignificantes en realidad y para muestra un botón, su muerte parece más una estrategia para liberarse de un peso positivo que de un peso muerto, pero eso pasa, cuando se realiza alianza y se ata esperanza con un personaje con tan oscuros instintos como Fidel Castro, el troyano imperialista, que conocía muy bien la zona por donde estaría el Che técnicamente perdido, sin alimentos, refuerzos y armas en Bolivia, una vez más Fidel supo manejar la información con la que contaba a su favor para limpiar su camino, hacia su reinado de terror contra el pueblo Cubano, convirtió al Che en otra de sus víctimas emblemática, ya que tuvo muchas víctimas, y alrededor del mundo con sus insanas intenciones creo millones de víctimas, pisoteando y mancillando a muchas personas durante su inmoral subsistencia. Todas las versiones apuntan a que Fidel Castro dejo morir al Che en Bolivia y fue el quien dio la información de la zona en la que se encontraba, tanto así como que el agente de la CIA que ejecuto al Che, recibió la orden de asesinarlo el mismo día que se lo entregaron, que ocultaban con tanto recelo al ir eliminando a las personas cercanas a Fidel Castro, existiendo tanta cárcel y pudiendo declarar para favorecer la captura de Fidel o de sus hombres hasta sacarlo del poder, porque asesinar a quien lo conocía tan bien como el Che, no hay que ser un gran pensador, para atar los cavos sueltos, el Che tenía razón cuando le dijo a sus captores "Soy el Che Guevara valgo más vivo que muerto" lo que no sabía es que el máximo jefe comunista de lo que él creía era su bando, lo quería muerto. Eso sí, bien muerto y humillado, hasta en sus cenizas aunque él tampoco era un santo, existe evidencia que era un psicópata al igual que Fidel Castro, una razón más para afirmar que Fidel sabía lo que hacía al eliminarlo y utilizarlo como mártir del mal llamado proceso revolucionario comunista cubano esparciéndose por América latina.

Fidel Castro y Anastas Mikoyan

Anastas Mikoyan fue primer vicepresidente del Consejo de Ministros de la URSS y brindo apoyo armamentístico a Fidel Castro, y quien vio la oportunidad de aprovechar las ambiciones políticas de Fidel, para posicionar a Rusia en un punto estratégico geográfico frente a su eterno rival USA, por tal razón en Febrero de 1960 le refresca la cara económica a Fidel otorgándole prestamos millonarios a cambio de azúcar y acceso a la isla de armamento y militares Rusos a los que en principio Fidel se mostró reacio según algunos historiadores, pero Fidel siempre estuvo en conchupancia con la elite realmente imperialista, esa que cobija a todos los controladores que tiene el verdadero poder en este planeta, por lo que actuaba con cautela para que los Rusos se sintieran confiados y le continuaran brindado apoyo tanto económico como tecnológico que él podía aprovechar tanto para mantenerse en el poder como para filtrar la información a USA sobre los desarrollos tecnológicos alcanzados por Rusia, pero no fue hasta el 16 del mes de Abril de 1961 que Fidel Castro definiría a su revolución como una revolución Comunista Socialista después de un bombardeo realizado por aviones de USA a dos aeropuertos militares, un bombardeo que asumiremos parte de la estrategia de infiltración en el sistema comunista de la URSS. La influencia de Rusia en la política cubana dio origen a lo que se conoce como Guerra Fría y su punto más álgido fue el intento de Rusia en colocar una base militar en Cuba de misiles con capacidad nuclear los hechos se suscitaron a finales de Octubre de 1962 USA y Rusia llegaron a un acuerdo bilateral y los misiles fueron devueltos a suelo Ruso, por lo que Fidel aparecía ante sus benefactores y simpatizantes como un líder sin protección militar, ante el país potencia del mundo, pero en realidad todo era parte de la trama de la elite, era un verdadero teatro, porque como se puede creer que un país como USA con todo el poder táctico y militar no hubiese podido contra Fidel Castro, evidentemente él contaba con la protección de alguien más poderoso.

Fidel Castro y Nikita Jruschov

El 26 de octubre de 1962, Fidel envió una carta al señor Nikita Jruschov, jefe máximo de la extinta URSS, pidiéndole que iniciara la guerra con sus cohetes nucleares antes de que Estados Unidos invadiera a Cuba, "en un acto de la más legítima defensa –dijo-, por dura y terrible que fuese la solución, porque no habría otra". Este tipo de cosas demuestran que Fidel era una serpiente que jugaba a los dos bandos intentando provocar un conflicto bélico, que probablemente fuese beneficioso a los controladores, ya que son dueños de las fábricas de armas, alimentos, medicinas

entre otras grandes empresas así como los bancos y las reservas de oro privadas más grandes del planeta. Pero por alguna razón el mismo Nikita prefirió negociar directamente con EE.UU. Dejando muy mal parado al troyano imperialista.

Fidel Castro y Salvador Allende

Sin lugar a dudas Salvador Allende fue una víctima más de Fidel Castro, la visita que este realizara a Chile durante el 10 de Noviembre al 4 de Diciembre de 1971, no fue más con la intención de valorar la verdadera convicción política de Salvador Allende quien había demostrado su verdadero interés por procurar bienestar al pueblo Chileno, solo que sus  pretensiones se basaron en la institucionalización de las ideologías incorrectas, declararse socialista comprendiendo el verdadero fundamento y tener la idea de practicarlo y fomentarlo como tal, era declararse enemigo de intereses muy superiores en el ámbito político universal y de los que Fidel Castro tenía conocimiento y con los que mantenía un acuerdo, Allende tuvo que morir por no ceder a los interese de la elite, dando paso a una dictadura que sobrevivió, perteneciendo a tales intereses socavando los beneficios, derechos y libertades del pueblo Chileno, que irónico aquellos que realmente deben sobrevivir por el bienestar de los pueblos son los que serán eliminados para conveniencia de los poderosos y controladores. Se puede resumir que del informe que rindió Fidel Castro de los verdaderos pensamientos e intereses que tenía Allende agencias internacionales procedieron a acelerar el plan desestabilizador para que se diera el golpe de estado que concluyó con su muerte y la imposición de un sistema dictatorial en Chile altamente represivo y dañino a los intereses del pueblo Chileno, pero paradójicamente sus líderes sobrevivieron incluso al término de su tiempo dictatorial. Y de no ser así como se justifica que la junta de gobierno que derroco a Allende haya pagado 250 millones de dólares a la empresa Anaconda, perteneciente a dos de las familias más ricas de USA, como indemnización por el proceso de nacionalización realizado por Allende, mientras el pueblo Chileno pasaba penurias, es ese hecho una muestra de que los intereses del golpe se estaban cobrando a costa de que la miseria fuera vivida por el pueblo ya que aunque durante la dictadura hubieron mejoras económicas no fueron las suficientemente reales por lo que la dignidad económica se mantuvo al margen de muchos ciudadanos de paso oprimidos.

Fidel Castro y Arturo Pinochet

Arturo Pinochet fue quien derroco al presidente Salvador Allende, ocupaba el cargo de comandante en jefe del ejército, era un militar de corte anticomunista fue testigo de la influencia comunista de Fidel Castro en el Gobierno de Allende, lo que no miro con buenos ojos, de allí que se sumara al golpe contra Allende por sus tendencias comunistas, y tomara el poder a partir del 11 de Noviembre de 1973, gobernando con la misma estrategia Fidelista, apresando y dando muerte a los disidentes, sumiendo al país en un caos social y persecuciones por tendencias políticas, que solo era diferenciado por los logros económicos que gestiono Pinochet, durante más de 16 años, luego de entregar la presidencia, se mantuvo al frente del ejército y luego al entregar la comandancia, se activó en la vida política llegando a ocupar el cargo de Senador Vitalicio cargo que no impidió se le abrieran investigaciones por los asesinatos, desapariciones y represalias cometidas durante su gobierno, es de mencionar que durante el gobierno de Arturo Pinochet las relaciones con Cuba estuvieron suspendidas, parece que los hermanos en inclinación política no se podían permitir la amistad ni en broma, cada quien cuidando sus intereses.

Fidel Castro y Manuel Noriega

Manuel Antonio Noriega fue un dictador Panameño que llego a tomar el control de Panamá gracias a sus nexos con las oficinas de inteligencia internacionales, de allí se puede deducir que de igual manera, que Fidel Castro también allá sido un Troyano Imperialista, esos nexos se man-

tuvieron en vigencia hasta que Manuel Noriega decidiera operar por cuenta propia cayendo en desgracia y provocando su salida del poder el 3 de Enero de 1990 a manos de militares del Gobierno de USA. Ya desde 1988 Noriega percibía que sería retirado del poder incluso Fidel Castro le informo sobre ese hecho y lo ayudo con armas y municiones a prepararse para ese momento, ya que USA había realizado un bloqueo a Panamá y solo tenía contacto con Nicaragua, Cuba y Libia, el cargo para capturar a Noriega era lavado de dinero y tráfico de drogas, y por parte de Francia lo reclamaban por delitos de lesa humanidad así como Panamá e Italia. El Noriega apoyado por las altas esferas de poder de USA se envileció y termino siendo reo en una cárcel de USA probablemente con la intención de mantenerlo en silencio ya que él había actuado como un brazo desestabilizador político para América central y América del Sur, pagado por el verdadero poder de control en USA, Noriega no fue más que otro tirano títere del poder absoluto mundial y se creyó tanto que termino cayendo en su propio charco, es estúpido ser un servidor del poder absoluto y terminar encarcelado por ese mismo poder haciendo lo que ellos te apadrinaron realizar, destruir su propio pueblo. Es evidente que el apoyo que recibió Noriega se debió a que Panamá es una región estratégica geográficamente, de allí que se le diera permiso a Noriega a ejercer poder en esa región siempre y cuando le rindiera cuentas al sistema de control universal existente.

Fidel Castro y Rafael Videla

Sin lugar a dudas una de las relaciones políticas o diplomáticas más rastreras durante el Siglo XX en América, fue la relación entre el gobierno dictatorial de corte comunista impuesto al pueblo cubano por los intereses y beneficios que le propinaba a Fidel Castro, con la dictadura de derecha genocida Argentina mantenida por el General Jorge Rafael Videla en un primer momento, luego de derrocar a la Presidenta María Estela Martínez de Perón, 24 de Marzo de 1976.

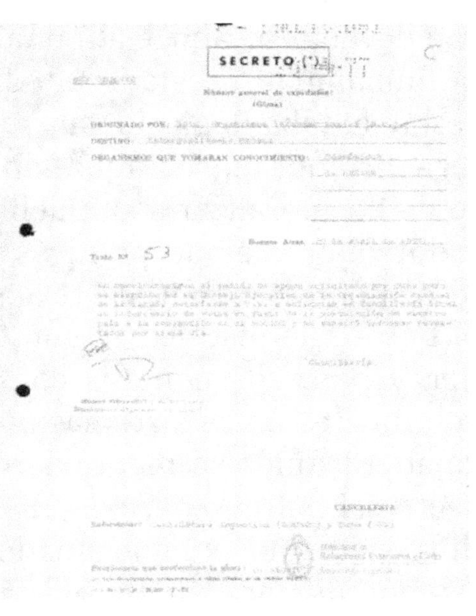

Imagen de documento donde Argentina (Videla) daba su apoyo a Cuba (Fidel) en la OMS

Lo abominable de esta relación política se fundamentaba en el acuerdo de apoyo en los órganos internacionales como la ONU o la OMS y otros de la región, los representantes de la tiranía cubana apoyaban a los representantes de la tiranía Argentina, para ocupar o mantener puestos con influencia diplomática internacional secundados por la URSS, se sabe que Cuba evito inspecciones y sanciones a Argentina por delitos de lesa humanidad, cometidos durante el gobierno de Videla y sus predecesores en el cargo de presidente de Argentina durante el tiempo que duro la dictadura, las sanciones eran promulgadas por el presidente Carter de USA, pero las maniobras políticas de Cuba y la URSS evitaron que fueran llevadas a cabo, e allí una muestra del servicio a la humanidad prestado por Fidel Castro y sus títeres, resultaba ilógico dejar que sancionaran a un colega dictador que cumplía cabalmente con el precepto de desmoralizar a su pueblo, aun cuando ese dictador dijera ser de políticas anti-marxistas obraba ferozmente para parecerse a aquello que decía odiar, el hecho fue justificarse con tal de mantener el poder, y para ello contaba con Cuba y URSS, favores con favores entre sistemas opresores, y siempre las colaboraciones se mantuvieron en el más absoluto secreto. El último periodo en dictadura de Argentina duro siete años y fue ocupado por los cuatro militares que derrocaron al gobierno. Tiempo durante el que Argentina mantuvo relaciones secretas con Cuba prestándose apoyo mutuo, y oculto al resto del mundo muy convenientemente, una forma más de confirmar en que el Troyano Imperialista actuaba como tal.

Fidel Castro y Muamar Gadafi

Muamar Gadafi nació en Libia, el 7 de Junio de 1942, murió el 20 de octubre de 2011, fue un militar que se convirtió en dictador, de su país durante 42 años, desde el 1 de

Septiembre de 1969, hasta el día de su muerte en 2011, el título que se otorgó fue "hermano líder de la revolución", instauro un gobierno de tendencia socialista, que nacionalizo todas las empresas privadas nacionales y extranjeras como todo buen dictador su gobierno se caracterizó por la violación de los derechos humanos de los ciudadanos opositores a su régimen, muertes y desapariciones, mantuvo el poder sobre su pueblo como su colega Fidel Castro, pero cayó en desgracia, la lectura del desarrollo de este tipo de sistema de gobierno y de la forma en que los gobernantes dictadores se tranzan en el poder deja mucho que pensar, sobre todo por desconocer la razón que los hace tan intolerantes con los adversarios, porque violentan los derechos humanos de las personas que están en contra de sus ideales, porque, no solo procuran mejorar las condiciones sociales y erradican de una manera legal y argumentativa a esos adversarios, Fidel tuvo mejor suerte, si es mejor suerte morir loco y desquiciado, aunque probablemente esa haya sido su forma de vida diaria, desde que llego al poder en Cuba. Muamar realizo unos notables avances en derechos de igualdad sobre todo en favor de las mujeres, incluso se pudiese decir que fue un feminista por naturaleza. Murió a manos de una multitud de milicianos del consejo nacional de transición. Solo nos queda preguntarnos porque un hombre como Muamar Gadafi con todo el poder económico que capitalizo, llegando a utilizar hasta 400 guardaespaldas, autos blindados, aviones y barcos en su contingente para viajar pudo ser derrotado por los que técnicamente eran una milicia insurgente, y porque un hombre como Fidel castro con mucho menos poder económico se pudo mantener en el gobierno de Cuba cometiendo todas las atrocidades que cometió, que intereses se ocultaron tras la caída de Muamar Gadafi, que intereses mantuvieron a Fidel Castro si sus crímenes son igual de abominables.

Fidel Castro y Sadam Huseim

Sadam Huseim fue un político que gobernó Irak du-
rante casi 24 años, estuvo navegando entre dos corrien- 
tes políticas dife-
rentes al princi-
pio, se deslindó
del proceso socia-
lista pro soviético
al que su antece-
sor hacia seguimiento, para tratar de integrar una
alianza de países árabes que intentaba establecer el
entonces presidente de Egipto, pero tras varios in-
tentos fallidos desistió y trato de tener simpatía con
USA lo que logro, cosa que lo ayudo a mantenerse en
el poder y aprovechar la bonanza petrolera para ac-
tivar la economía iraquí, por un tiempo, luego decidió emprender una guerra con su vecino Irán entre
eso y las pugnas internas lo debilitaron económicamente, después decidió invadir Kuwait acción que le
costó el rechazo de la comunidad internacional y
por ende el apoyo de Francia y USA, incluso su amigo Fidel Castro declaro haberle recomendado aban-
donar Kuwait porque eso le traería muchas adversi-
dades, y así fue los aliados integrados principalmen-
te por USA lo hicieron retirarse de territorio Kuwai-
tí, y este decidió involucrarse con terroristas para
atentar contra países extranjeros por lo que se expi-
dió una orden de captura en su contra, motivando
una movilización militar que lo depuso del poder y
posterior captura y entrega a las fuerzas de coali-

ción internas de Irak, para ser juzgado y condenado a muerte, dando fin a su historia trágica aquella que lo acompañaba desde su niñez. Sadam cometió las atrocidades comunes que se pueden asociar a cualquier dictador, pero la más común a todos es la crueldad contra quienes le hacen oposición y la trágica ventura a la que someten a sus pueblos por sus ambiciones de poder. Lo cuestionable continúa siendo porque Sadam Huseim si fue depuesto, pero Fidel Castro no lo fue, y sin embargo se pudo dar el lujo de viajar por todo el mundo relacionándose con todos sus tiranos colegas, del club de dictadores.

Fidel Castro y Kin Il Sung

Las relaciones de Fidel Castro con Corea, el hecho de participar en actividades en ese país junto al líder

dictador y su homólogo Kin Il Sung, también demuestran que Fidel Castro era un elemento de espionaje al sistema de control, quienes realmente tienen el poder, no les interesa deshacerse de gobiernos que son realmente comunistas y autoritarios como el de corea, es evidente que ellos apoyan todo sistema que promulgue la suspensión de los derechos individuales, coaccione a los ciudadanos y coarte toda expresión de libertad, es como que tienen un manual mientras más daño y perjuicio causen los gobernantes a sus ciudadanos más comunista es ese des-gobernante, mientras más dolor, angustia y ansiedad causen más comunista es, en resumen los comunistas socialistas son aliados en la misma forma que cumplan el mismo ritual de impartir el mayor daño social y los líderes se lucren y vivan a expensas de tales daños sin nada más que importar.

De hecho las similitudes entre el sistema y forma de gobierno cubano y coreano son absolutas, tanto que incluso los dictadores se transmiten el mando de unos a otros previamente elegidos por ellos, pues al momento de la muerte de Fidel Castro el heredero del régimen coreano Kim Jong-Un, describió al fallecido líder de la Revolución Cubana como «un amigo cercano y un camarada del pueblo coreano».

Resaltando que Castro «trabajó para fortalecer las relaciones de amistad y cooperación entre los dos partidos, gobiernos y pueblos de ambos países».

Incluyendo en su declaración «El comandante Fidel Castro Ruz fue el impresionante líder del pueblo cubano y un activista político prominente que hizo grandes contribuciones para lograr la causa de la independencia contra el imperialismo» termino acotando en aquella ocasión, antes de declarar tres días de duelo en corea.

Fidel Castro Ruz y José Eduardo dos Santos (Angola)

Para el líder comunista asistir a cualquier país donde existiera una revuelta social era su prioridad de

allí que prestara apoyo a movimientos con similitudes a las de su doctrina comunista, en algunos portales se hace referencia a Dos Santos como presidente Angoleño pero un presidente que ostento el poder durante 38 años, y amaso una fortuna de miles de millones de dólares es incoherente con las cosas normales de vida de un ser humano. Sobre todo cuando los pueblos que se suponen deberían proteger padecen hambre y miseria, pero así es la doctrina comunista caimanes del mismo pozo. Los intereses cubanos o mejor dicho de Fidel Castro en participar en la guerra de Angola se centraban realmente en dos aspectos el primero era comerciar con los ciudadanos cubanos como esclavos ya que él envió de estos ciudadanos consentía una retribución económica a Fidel Castro, y en segundo lugar posicionar al dictador dos santos en el gobierno para al igual que el mismo gobernara indiscriminadamente a los ciudadanos Angoleños esas dos pautas se corresponden con las pautas de control que se han estado evidenciando a lo largo del presente libro y que estaremos confirmando a lo largo del mismo.

Fidel Castro y Francisco Franco

Una de las relaciones políticas más controvertidas y poco explicadas tal vez por la manera tan sutil con la que se dieron, es la relación de Fidel Castro y Francisco Franco, aun cuando eran dictadores sus corrientes ideológicas o bases para establecerse estaban distanciadas, Fidel Castro era un genuino retrasista Francisco Franco era más habido al progreso y desarrollo, muchos dirán que es que Fidel desgobernó a cuba con un bloqueo económico, pero en realidad eso era parte del acuerdo con el alto poder existente, y Francisco Franco tenia estrecha relación con Estados Unidos lo que nos deja claro que los poderes superiores saben cómo manejar los hilos. Algunos argumentan que Fidel era indulgente con Franco por el hecho de que los abuelos de estos eran de origen Gallego, o que Franco era algo indulgente con Castro porque era una forma de mantener cierto contacto con otros países, de hecho existía un intercambio comercial, en fin una relación de hacer la vista gorda. Pero qué hay

Franco despide al presidente Eisenhower tras su visita oficial a España en 1959

de las sanciones comerciales a Cuba, Franco no las cumplía aun cuando mantenía un estrecho contacto con EE.UU, y también acuerdos comerciales. Es evidente que quienes mueven los hilos saben dónde y cuándo aflojar acuerdos comerciales van y vienen según los intereses. Fidel llego a estar en España recorriendo parte de Galicia invitado por Manuel Fraga, un político Español que participo tanto en el gobierno de Franco como en los gobiernos posteriores, e incluso estuvo en la pequeña casa donde nació su padre y su abuelo.

Fidel Castro y China

Resulta curioso que las relaciones entre Cuba y China, no fueran profundas y fraternales, en vista de

el 8 de febrero de 1965, zhou enlai estrechó la mano de guevara, miembro visitante de la dirección nacional del partido unido de la revolución socialista en cuba y secretario del secretariado.

que ambos gobiernos compartieran la ideología comunista y es justamente allí, donde se puede confirmar mi ensayo sobre Fidel Castro, como el troyano imperialista, ya que siendo China una nación comunista, en la que el comunismo se

mao zedong recibió al che guevara

acerca a su verdadera base o intención original, tiene que quedar patentado que el comunismo es chino, sin que esta intención original se llegue a cumplir, y si no te convence lee el libro de (Lao Tse, ese libro es realmente el primer manual comunista, ya luego Karl Mark lo adecuaría a la época) el hecho es que el comunismo es el mismo en ambos países, sobre todo por la falta de derechos civiles y libertades, lo que no le permite alcanzar el verdadero sentido comunista, ya que aun cuando no lo parezca cuenta con el sentido de producción que se requiere para sostenerse manteniendo el control sobre las empresas e instituciones, y para crear un sistema casi perfecto desde el punto de vista comunista, pero siendo Fidel Castro un brote comunista fecundado in vitro en el laboratorio de los controladores del sistema realmente imperialista, y que el verdadero enemigo para el sistema totalitarista es otro sistema totalitarista con el que ha mantenido rivalidad, no era necesario establecer una profunda relación entre ambos países al final el objetivo es el mismo controlar la mayor cantidad de población posible y ya china lo había conseguido y enfocarse en una relación con china sería un gasto de recursos innecesarios habiendo tanto espacio que contaminar con el supuesto comunismo, y poder ejercer mayor influencia sin la limitante del idioma, pues mejor quedarse más cerca de casa, así que el mayor contacto no paso de la visita que hiciese el Che Guevara a China, seguido de unas relaciones sin actividad y aparentemente suspendidas, evidenciando el hecho de que fuese innecesario tener contacto con china.

En resumen

Haciendo un breve resumen, hasta este capítulo hemos mencionado algunos episodios de la tortuosa vida política de Fidel castro, algunos pequeños episodios hablan de su vida personal, otros relatan sus relaciones políticas con otros dictadores, pero el punto que deseamos aclarar a través de este libro es porque Fidel Castro deambulo por el mundo esparciendo su política comunista (si es que era comunista) y nunca fue detenido a pesar de que existen miles de testimonios de sus conciudadanos sobre los actos, que este cometió en contra de millones de personas, violentando sus libertades y derechos y el bien gracias, dándose la gran vida recorriendo el mundo, la única razón que encuentro es la que me hace llamarlo "el troyano imperialista", Fidel fue esa suerte de camaleón vendido al mejor postor para entregarle información de quien fuera necesario sin levantar la menor sospecha, lo vuelvo a repetir no existe explicación lógica para que delinquiera libremente por el mundo sin que recibiera castigo. Muchos fueron los que cayeron en su trampa dejándose infectar por él y por eso sus cabezas rodaron, fueron encarcelados o llevados al exilio. El troyano imperialista no solo infectaba a sus víctimas para sacarles información sino que además les sacaba lo que pudiera sacarles con tal de debilitarlos económicamente, era un verdadero parasito.

La mayor víctima de Fidel Castro

Para el beneficio de Fidel Castro su ultimo títere, y a través del cual acabo con uno de los países con potencia económica más abundante del planeta, ya que cuenta no solo con una ingente cantidad de recursos naturales, puesto que, recurso natural que exista, está presente en su suelo, también cuenta con un recurso humano reconocido a nivel mundial, no existe lugar de este planeta donde no se reconozca la calidad humana de los venezolanos en su gran mayoría, y de las riqueza que ostenta Venezuela.

Pero es que no deja de ser extraño, que llegara Hugo Chávez al poder y Fidel se apresura a aguijonearlo para que descargara su rabia contra el pueblo Venezolano con su receta comunista, receta que ya hace muchos años quiso aplicar en Venezuela incluso murieron militares Venezolanos a manos de las guerrillas que Fidel envió por petición de otros resentidos, pero ese episodio fue mucho antes de la llegada al poder de un ser rencoroso con la sociedad y con el mundo civilizado, Chávez se dejó terminar de consumir por la rabia, cuando Fidel le hablaba al oído de lo que podía hacer con la riqueza de Venezuela y este procedió a regalarla a cualquiera que se le antojara, pero sobre todo a Cuba, fueron tantas las regalías que Cuba llego a aparecer en la lista de países exportadores de petróleo, un país que nunca ha tenido un pozo de petrolero productivo, vendía petróleo, un petróleo que se negoció con fraudulentos acuerdos comerciales que no tenían nada de comerciales, a menos que exista un artículo universal en el que la venta de esclavos aun sea legal, puesto que durante esos años de despilfarro y regalías Cuba recibía petróleo que intercambiaba por dólares y ese petróleo lo recibía por la entrega de sus ciudadanos a servicios fuera de Cuba, en otras palabras se repitió la historia de Angola, los ciudadanos cubanos fueron vendidos o intercambiados por petróleo llevados a servir fuera de su país y aunado a ello desbaratando familias enteras, la verdad es que a esos comunistas les importa una caca la vida del resto de las personas siempre y cuando ellos estén bien asistidos, pues Chávez agarro la receta comunista y cumpliéndola al pie de la letra distribuyo la igualad de necesidades entre todos los venezolanos, y en menos de tres años desmantelo una de las empresas petroleras más reconocida y grandes del planeta, Fidel Castro se paseaba como perro por su casa en Venezuela, mientras se reía del desastre que sabía estaba ocurriendo, pero eso no paro allí en diez años todas las empresas públicas y privadas estaban destartaladas, los esclavos en alquiler por el convenio petrolero comenzaron a buscar opciones, los que contaban con más participación y responsabilidad se largaron con millones de dólares de lo que quedaba de las riquezas Venezolanas, una destartalada compañía petrolera con decreciente producción, una Venezuela que de ser la mayor productora de petróleo quebró, una Venezuela que de ser autosuficiente salvo algunas excepciones paso a importar de todo, incluso el papel higiénico, aun cuando contaba con el bosque artificial de pinos más grande del planeta, sus estantes quedaron vacíos, sin alimentos y otros productos de consumo básico, llegaron los carroñeros crearon empresas para importar a sobre precios y lo poco que quedaba se acabó, pero la desgracia no estaba completa y a raíz de la desidia los Venezolanos comenzaron a emigrar de poco a poco, se convirtieron en más de siete millones de parias por el mundo algunos han logrado triunfar otros son víctimas continuas de la desgracia del comunismo y los des-gobernantes.

Pero como dicen la desgracia no estaba completa y Chávez muere dejando un sucesor designado por Fidel Castro, Chávez en su último momento decidió dejar a Nicolás Maduro un sindicalista, comunista más resentido que él y mucho más diligente en destruir la vida de los ciudadanos Venezolanos, se sabe que Nicolás estuvo en cuba preparándose en las milicias sindicales y que fue el quien organizo el primer encuentro entre Chávez y Fidel, que mala pata para los venezolanos el engendro maligno, junto a seres tan perversos solo para que acabaran con Venezuela, es evidente que esa estrategia fue estudiada durante años no es posible que sea casual o fortuita, la desgracia no tiene tanta suerte, pero ellos los controladores si, y a eso le sumamos la paciencia, la oportunidad y la planificación. Que contradictorio que cosas tan fundamentales sean tan buenas para hacer el mal, como para hacer el bien. Así el pueblo venezolano cayó en la mayor desgracia, todo ha sido arrasado y lo peor es que la desmoralización de un pueblo tan hermoso y culto ha llegado a los más altos niveles de desdén.

Venezuela ha sido la última víctima de Fidel Castro y los daños que le causo son casi irreparables, en este momento se juega la mayor agresión a la humanidad que puede haber ocurrido en algún momento, pero no hay justicia para los pueblos porque todos los gobiernos están contaminados, los controladores han hecho el trabajo para apoderarse del planeta, reducir la población, y gobernar a quienes los acepten o no. La mayoría de los políticos son forajidos con el mando a su disposición. Es como si los tiempos de la barbarie no hubiesen pasado y aun los estuviéramos viviendo, solo que muchos más son los que la padecen, es mas es como que si los peores tiempos se juntaran en uno, la peste negra, la inquisición, y el estallido de los volcanes. Al parecer el mundo está sin esperanza, o eso es lo que ellos están deseando que las personas creamos, porque así le damos más fuerza para que ellos se posicionen definitivamente en el gobierno totalitario mundial.

Según es posible que Chávez allá sido asesinado en cuba ya que en sus últimos días durante un viaje que realizo por centro América se dio cuenta que el comunismo que le había comprado a Fidel su mentor era falso, pero ya el daño estaba hecho digo si eso realmente ocurrió, y por ese motivo cuando no se sabe ciertamente porque enfermo fue llevado a Cuba para una operación, pero vivo no regreso y dejo la tragedia y su maldad sembradas en el pueblo Venezolano.

Los acontecimientos ocurridos en torno a la muerte de Chávez aún no están claros, pero su muerte nos deja claro que muerto el perro no se acaba la rabia, pues esta rabia sigue infectando a los venezolanos dentro y fuera de Venezuela, y peor aún continua infectando a millones de personas en muchos países de este hermoso planeta, quise extenderme en este capítulo ya que me afecta directamente la situación en Venezuela, y lo que he vivido fuera no ha sido lo mejor, todo inmigrante sin importar la nacionalidad está expuesto a que viva las peores cosas que le pueden ocurrir a un ser humano, yo particularmente no le deseo eso a nadie, espero que todos nos podamos considerar ciudadanos universales y que la raza humana se una en una sola sin distinción de clase, color, o credo, llegue un sistema que respete nuestros derechos universales y nos permita crecer como seres humanos, logrando un mejor mundo para todos ya que si nosotros somos mejores el mundo será mejor. Lamentablemente a los que tiene el control no les conviene la unión de las personas ya que eso crearía una consciencia universal y ellos desaparecerían, o dejarían de ostentar el poder.

Fidel Castro el protagonista de esta pesadilla

Fidel castro el troyano imperialista probablemente encontró justificadas sus acciones en el hecho de que él se servía muy bien de los beneficios que ser un comunista apadrinado por el sistema de control le daba, es lamentable que ese tipo de gente exista solo para crear daño al resto, pero bueno hay que continuar verdad, yo terminare el ensayo sin nombrar a todos los que Fidel castro pudo haber conocido solo con la intención de espiar, y poder entregarlos al poder, mientras él se mantenía en pie, no los nombro a todos porque la lista es extensa de hecho Fidel castro figura como uno de los hombres que más ha recorrido el planeta en kilómetros bien por carretera como en barco o avión es incomprensible como pudo hacer mientras los ciudadanos cubanos pasaban miles de necesidades, pero si esa era su función él se conformaba con cumplirla. Hasta aquí con este ensayo creo que cumple con la intensión, dar un poco de luz a las sombras donde se oculta el comunismo y el socialismo, dar una pista para que otros investiguen y entre todos lleguemos a esclarecer, y comprender, por qué un tirano como Fidel Castro pudo vivir como el propietario de Cuba durante más de sesenta años, sin que alguna fuerza lo apresara, y le quitara del poder, mal ejercido sobre sus conciudadanos, aunque al igual que yo estoy seguro que ustedes llegareis a la misma conclusión, Fidel Castro Ruz, era un troyano Imperialista.

Síntesis de la obra El Troyano Imperialista

A través de este ensayo se pretende exponer la verdad que existe detrás de **Fidel Castro Ruz** y su bandera comunista, ya que es evidente que de comunista no tenía nada, pero sí de imperialista, asesino y mafioso, como fiel representante de los mercaderes de la miseria humana, **El Troyano Imperialista,** es sin duda una honrosa distinción para tan desquiciado personaje, Fidel Castro no era más que un recadero de las altas esferas de poder del mundo, esas esferas mucho más altas que cualquier gobierno existente, esas esferas donde se conduce el timón de los acontecimientos mundiales, bajo perfil, utilizando maniobras estudiadas para evitar dejar evidencias de quienes son los que las ejecutan y por lo tanto utilizan a esbirros como Fidel Castro, para ejercer el control necesario sobre los ciudadanos, que son quienes realmente generan riqueza y bienestar, es hora de despertar y actuar a favor de la verdad, terminar con las manipulaciones y retomar los valores humanos que nos permitirán alcanzar ese bienestar que tanto añoramos y mucha falta nos hace.

Darmus Jesus Gonzalez Fuentes
Escritor

Otros títulos del autor:

La serie camino a la verdad, lo que NO nos cuentan, hasta la publicación del presente lleva cinco títulos publicados, "**La Granja de los Dioses**" un texto donde encontramos una teoría viable sobre la verdadera causa de nuestra existencia en este planeta al que llamamos Tierra, ¿Por qué te has preguntado que hacemos aquí, a que vinimos, como llegamos aquí? Pues "**La Granja de los Dioses**" está para ayudarnos a responder esas y muchas más preguntas sobre cosas que deberíamos tener claras, para así poder vivir y evolucionar en consecuencia con nuestra existencia cósmica:

➢ **¿Y si no son humanos?**, aquí teorizamos la condición a la que pertenecen quienes controlan el poder económico y político mundial.

➢ **Placeres capitales**, abordamos lo que nos han impuesto a negarnos durante miles de años.

➢ **Amor ecuación de vida**, tratamos las mal formaciones del amor y sus deliberadas aplicaciones para desvirtuar la realidad.

Otros títulos del autor tratando otro tipo de temas literarios son:

> **<u>Poemas y unas frases más</u>**, versos, poemas y frases.

> **<u>Poemas, canciones y unas frases más</u>**, versos, poemas, canciones y frases.

> **<u>Sexo Consentido Divan & sus historias</u>**, Literatura erótica en historias cortas.

> **<u>Haitex I, el caballero de la rosa de piedra</u>**, Fantasía fantástica aventuras para hacer justicia. Primer libro.

* **Haitex II, el caballero de la rosa de piedra**, Fantasía fantástica aventuras para hacer justicia. Segundo libro.

* **<u>Suerte, Hija de la Diosa Buena Fortuna</u>**, Este libro sobre la Suerte, quiere brindarte un concepto más oportuno y real sobre está y lo que representa en la vida de todos, de una manera prác-

tica, encontraras que la suerte se debe crear en cada uno de nosotros, ya que la suerte no es más que esa oportunidad que nos llega cuando hacemos las cosas correctas, estamos obligados por naturaleza a crear la suerte ya que es una bendición de la fuente de la vida.

- **2045**, una obra que entrelaza la ficción y la realidad en una narrativa ca utivadora. Este libro nos invita a reflexionar sobre la naturaleza evolutiva de nuestro mundo, explorando cómo e l pasado, presente y futuro se fusionan en una compleja danza de hechos re ales y ficticios.
En **"2045"**, se nos revela que el principio fundamental de todo lo que existe es la evolución. El planeta, el uni verso y el cosmos están destinados a t ransformarse, y aquellos que se resisten a este cambio se condenan a la oscuridad. La clave para la existencia e s el equilibrio y el balance, y nuestra incapacidad para evolucionar nos impide alcanzar nuestro verdadero potencial como especie.

Títulos de Canciones escritas por el mismo autor, puede escucharlas realizando clic sobre el título:

- **"Del Infierno al Amor"** intitulada **"Si Amarte es pecado del Infierno Soy Amo"** Entre las distracciones existe una deformación que nos implantan para hacernos creer en otras cosas que no aplican a la realidad, nos desvían de lo realmente importante solo para mantenernos aquí, sumidos en desdicha, ilusiones y fantasías adictivas.

- **"Cenizas de Ayer"** Podemos interpretar la canción como la interpretación del adiós más virtuoso que puede existir, sin embargo, también me recuerda que no se dé dónde vengo hasta que lo pienso, y así derribo las paredes, para hacer una puerta que me dé la libertad, superando el engaño con el que he estado aquí prisionero.

- **"Espejismo de libertad"** Un llamado a reflexionar sobre el entorno que nos rodea, ese fantástico entrono que nos consume en una realidad inexistente, donde somos el alimento de las entidades que se hacen llamar dioses, la presente canción es parte de la serie de canciones que he escrito para expresar el camino a seguir.

- **"Cósmico"** El reconocimiento de nuestro verdadero ser y el origen del mismo desde una fuente cósmica universal que provee todo lo existente, sin distención de forma, color o experiencia, somos uno en todo y todo en uno, la presente canción es parte de la serie de canciones que he escrito para expresar el camino a seguir.

- **"Poder Interior"** La resiliencia del ser humano para renovarse en cada aspecto nos revela nuestra capacidad para poder iniciar una vez más ante cada adversidad que se presenta, más aún sin embargo, nuestro poder interior, es lo realmente efectivo para superarnos a nosotros mismos, debemos reconocer lo que somos realmente para dar el siguiente paso, la presente canción es parte de la serie de canciones que he escrito para expresar el camino a seguir.

- **"Luz de Plata"** ¿Que serás realmente Luna? Un enigma, un vigilante, un carcelero, una distracción o el infierno.

- **"Objetivo Común"** Comprender que hacemos aquí, prepararnos mientes estemos aquí, será lo que nos va a permitir mejorar todas las cosas existentes, somos miles de millones y debemos avanzar en un mismo sentido, en un **objetivo común**. Se debe procurar "Ser mejores de lo que somos nosotros mismos, solo hay que ser mejores de lo que fuimos ayer, no hay que ser mejor que otro ser humano, eso no es lo importante" ante la fuente somos iguales, solo nos han raptado para que no lo podamos comprender y nos encaminemos por el camino correcto hasta alcanzar nuestra máxima elevación existencial.

Gracias por haber llegado hasta aquí, recuerda comentarme y suscribirte a mis redes, seamos parte del proceso de crecimiento aportemos nuestra parte.

Sobre el autor:

 Darmus Jesús González Fuentes, nació en Barquisimeto, estado Lara, Venezuela, en el año 1975, creció en Ciudad Guayana, una hermosa y pujante ciudad industrial ubicada al margen derecho del imponente Río Orinoco, emigro en el año 2017 debido a la mala situación política, económica y social de Venezuela, residió en Ecuador durante los años 2017 a octubre de 2019 y España desde 2019, hasta mayo del año 2023, mes a partir del cual reside en Brasil, en Venezuela se dedicó durante más de 20 años a laborar en el sector comercial de ventas al mayor y menor. Su pasión por la literatura se incrementó a raíz de la difícil época de confinamiento, ya que desde muy joven escribía y coleccionaba cortas frases, versos, y poemas de su autoría, los que en aquel lejano momento no pensaba llegaría a plasmar en algún libro. Entre las lecturas que más aprecia están los libros que tratan sobre aventuras de ficción, los de desarrollo y crecimiento personal, y los de poesía. Se considera un ciudadano del mundo ya que el catálogo de razas, categorías y otras etiquetas no está impreso de manera natural en los seres humanos.

Cree en la Fuente de la vida de donde provienen todas las cosas existentes y las que podemos llegar a crear, solo hay que hacerlas posibles para el bienestar de la humanidad y en consecuencia del mundo.

"Nada de lo existente fuera de mi puede afectarme"

"Solo debemos ser mejores, mejores que nosotros mismos, es el objetivo común y universal"

Email:

darmusg@gmail.com

darmus879@gmail.com

Instagram:

darmusescritor

Página web:

https://darmusjesusgonzalezfuentes.webnode.es/

Facebook:

https://www.facebook.com/
DarmusJesusGonzalezFuentes

TikTok:

darmusescritor

Googlear:

Darmus Jesus Gonzalez Fuentes

LinkedIn:

www.linkedin.com/in/darmus-jesus-gonzalez-
fuentes-comercio-internacional-autor-escritor

YouTube:

https://www.youtube.com/
@DarmusGonzalezFuentes

https://www.youtube.com/@darmusg

Página de Autor en Amazon:

Darmus Jesus Gonzalez Fuentes